EDITION PASTORPLATZ

„Oma Kuckuck" wird herausgegeben von der Edition Pastorplatz
(Mele Brink & Bernd Held GbR · Luisenstraße 52 · 52070 Aachen)
www.editionpastorplatz.de
www.facebook.com/edition.pastorplatz
www.twitter.com/ed_pastorplatz
Editionsnummer: 39 (August 2020)
ISBN 978-3-943833-39-3
1. Auflage
Idee + Text: Frauke Angel
Illustrationen: Stephanie Brittnacher
Layout + Satz: Stephanie Brittnacher + Bernd Held
Lektorat + Korrektorat: Angelika Lenz, Steinheim an der Murr

Druck: Grafisches Centrum Cuno GmbH & Co. KG, Calbe
Innenseiten: 140-g-Offsetpapier (FSC®-zertifiziert)
Umschlag: 135-g-Bilderdruckpapier (FSC®-zertifiziert)

Bibliografische Information der Deutschen Nationalbibliothek: Die Deutsche Nationalbibliothek verzeichnet diese Publikation in der Deutschen Nationalbibliografie; detaillierte bibliografische Daten sind im Internet über http://dnb.dnb.de abrufbar.

Oma Kuckuck

Frauke Angel   Stephanie Brittnacher

Seit ich denken kann, hat meine Oma einen Vogel.

Er wohnt in dem kleinen Häuschen in Omas großem Haus.

„Kuckuck!", ruft Omas Vogel einmal und ist ganz aus dem Häuschen.

Dann weiß ich, dass es bald Essen geben wird.

Jeden Sonntag kocht Oma Kuckuck für uns Vanillesuppe mit Himbeeren.

Erst pflücken wir die Himbeeren in Omas Garten.
Dann kochen wir die Suppe auf Omas Herd.
Der Herd ist genauso alt wie meine Oma.
Wenn man an seinen Knöpfen dreht,
dann quietscht er. Aber manchmal vergisst
er das auch.

„Vanillesuppe kochen ist kinderleicht", sagt Oma Kuckuck.
„Wir nehmen einfach ein Tütchen Puddingpulver und
halten uns auf keinen Fall an das Rezept!" Oma sagt,
Rezepte sind was für Feiglinge. Und Feiglinge haben in ihrer
Küche nichts zu suchen. Da dürfen nur schräge Vögel und
echte Künstler rein. Oma und ich sind echte Künstlerinnen.

Deshalb schmeckt unsere Suppe auch jeden Sonntag anders. Meistens schmeckt sie köstlich. Und manchmal auch ein bisschen schräg.

„Kuckuck, Kuckuck", gähnt Omas
Vogel zweimal, wenn wir satt sind.
Dann geht er schlafen. Auch Oma
Kuckuck macht um diese Zeit ein
Nickerchen.
Jeden Sonntag! Nie wird ihr dabei
langweilig.

Mir schon. Deshalb gucke ich, ob ich den Vogel aus seinem Häuschen locken kann. Aber das mag Oma Kuckucks Vogel nicht besonders. Deshalb ruft er um Hilfe. **„Kuckuck, Kuckuck, Kuckuck!"**, schreit er dreimal und so laut, bis Oma Kuckuck wach ist.

Dann macht Oma Kuckuck für uns Muckefuck. Das ist Kaffee
nach Geheimrezept. Wir setzen uns mit dem Muckefuck in den
Garten und spielen Memory, auch nach Geheimrezept. Dabei darf
man sich auf keinen Fall an die Spielregeln halten! Oma sagt,
Spielregeln sind was für Langweiler, und Langweiler haben in
ihrem Garten nichts zu suchen.
Da dürfen nur schräge Vögel und echte Memmerköniginnen rein.

Memmerkönigin kann man werden, wenn man beim
Memory zwei unterschiedliche Karten aufdeckt und
zu den Bildern eine Geschichte erzählt. Das kann eine
ausgedachte Geschichte sein oder eine echte. Lustig darf
sie auch sein. Oder gruselig. Eigentlich darf sie sein,
wie sie will, Hauptsache, sie ist nicht langweilig.

Heute bin ich zum allerersten Mal Memmerkönigin geworden. Sogar Omas Vogel hat mir applaudiert! Viermal ist er aus seinem Häuschen gekommen, weil er es einfach nicht glauben konnte. Ich habe nämlich alle Karten gewonnen! Weil Oma heute keine einzige Geschichte eingefallen ist. Dabei erzählt sie wirklich gerne. Oft auch die gleiche Geschichte. Egal welche Karten Oma aufdeckt, sie erzählt immer von früher.

Am liebsten mag ich die Geschichte, wo Oma Kuckuck, die damals noch Trudchen hieß, die Hundebabys unter dem Himbeerstrauch gefunden hat. Die kann ich immer und immer wieder von vorne hören. Doch gerade als ich sie darum bitten will, schlägt Oma Kuckucks Vogel fünfmal Alarm. Das bedeutet: Mama kommt!

Ich habe gerade noch Zeit, die Karten umzudrehen und so zu tun, als wäre alles vollkommen normal.

Mama mag es nämlich nicht, wenn wir nicht nach den Spielregeln spielen. Sie mag auch nicht, wenn wir nicht nach Rezept kochen. Mama mag eigentlich gar nicht, dass wir kochen. Weil Oma Kuckuck genauso alt ist wie ihr Herd, der quietscht und manchmal auch vergisst zu quietschen.

Am liebsten wäre Mama immer dabei,
wenn ich Oma besuche.
Aber das will Oma auf keinen Fall!
Denn Mama ist ja keine Künstlerin.
Und auch keine Memmerkönigin.
Mama ist Tierärztin, und Tierärztinnen brauchen
sonntags Ruhe, um sich von all den schrägen Vögeln
zu erholen, die sie die ganze Woche über verarzten.

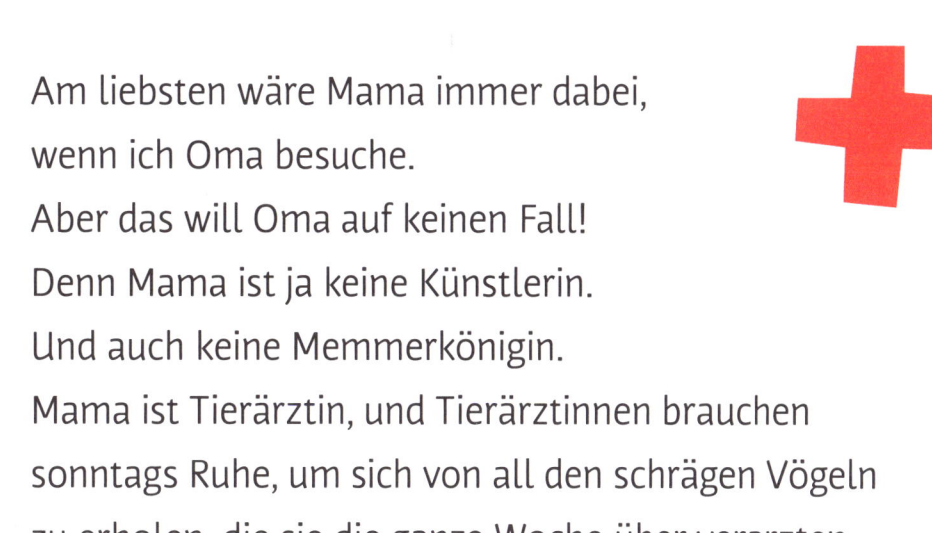

Aber heute muss Mama die Oma verarzten. Der geht es nämlich gar nicht gut. Ich glaube, sie ist traurig, weil sie beim Memory verloren hat. Das will Oma Kuckuck aber nicht zugeben. Und deshalb fängt sie an, mit Mama zu stänkern.

Und das kann sie richtig gut. „Wer sind Sie?",
fragt Oma böse und gleich darauf: „Was machen
Sie in meinem Käfig? Haben Sie geklopft?"
Mama antwortet: „Ich muss nicht klopfen,
Mutter, ich hab doch einen Schlüssel."

Für einen Augenblick guckt Oma ganz verwirrt. Dann geht sie zum Vogelhäuschen und stänkert weiter. „Einen Schlüssel haben Sie, ach so? Und warum schließen Sie dann nicht auf? Vögel wollen fliegen!" Dabei versucht Oma Kuckuck, ihren Vogel auch ohne Schlüssel zu befreien. Aber der will gar nicht fliegen! Er fällt auf den Boden und dort tut er so, als ob er schläft, damit Oma ihn in Frieden lässt.

Doch Oma will keinen Frieden geben. Sie legt sich neben ihren Vogel und stänkert weiter. Alles, was ihr vorhin beim Memory nicht mehr eingefallen ist, will plötzlich raus. Jetzt kann ich mir auch vorstellen, wie das Trudchen früher ausgesehen hat. Und wie sie geschrien und getobt hat, weil sie nicht mal ein einziges Hundebaby behalten durfte. „Das ist gemein! Ihr seid so gemein!", brüllt Oma wie am Spieß und trommelt mit den Fäusten auf den Boden, dass der Muckefuck in unseren Bechern wackelt.
Dann wird es plötzlich still.

Das Trudchen hat sich ausgetobt.
Nur noch ein leises Quietschen ist
zu hören.

Mama hilft Oma wieder aufzustehen.

Aber so richtig gerne will Oma sich dabei nicht helfen lassen,
das kann ich sehen.

Und Mama will dabei nicht weinen, das kann ich auch sehen.

Deshalb läuft sie in die Küche und weint da.

Dann nimmt Mama die Vanillesuppe vom Herd. Und da fange ich auch noch an zu heulen. Weil ich Oma doch daran erinnern sollte, den Herd auszustellen.
Jetzt nimmt Mama mich in den Arm. „Du kannst nichts dafür", will sie mich trösten. „Oma ist einfach alt geworden."
Dann ruft sie Papa an und sagt ihm, dass er jetzt kommen muss. „Es ist so weit", flüstert Mama in ihr Telefon.

Als Papa kommt, sitzt Oma immer noch im Garten.
Sie betrachtet ihren Vogel und hält den Kopf ganz
schräg.
„Kuckuck, Kuckuck, ruft's aus dem Wald",
singt sie mit zittriger Stimme vor sich hin.

In der Küche zittert Mama. Sie hat Angst vor dem, was sie der Oma heute sagen muss. „Oma kann nicht mehr alleine leben", da ist sich Mama sicher. „Und deshalb bringen wir Oma in ein Haus, wo Menschen sind, die sich um sie kümmern, egal zu welcher Zeit ihr Vogel singt", erklärt mir Papa. „Das Schlimme daran ist bloß, dass ich meiner Mutter versprochen habe, das niemals nie zu tun", sagt Mama. „Aber als ich das versprach, da wusste ich noch nicht, wie vergesslich meine Mutter werden würde."

„Na, wenn du Glück hast, dann hat sie auch dein Versprechen längst vergessen", will Papa Mama trösten. Aber Mama glaubt nicht an ihr Glück.

Ich schon. Deshalb gehe ich zu Oma.

„**Kuckuck**, Oma", flüstere ich ihr ins Ohr, „kannst du mich hören?"

„Natürlich kann ich dich hören", flüstert Oma Kuckuck zurück.

„Ich bin ja nicht schwerhörig. Was gibt's Neues?"

„Kannst du dich noch daran erinnern, was Mama dir versprochen hat?"

Oma Kuckuck überlegt. Das kann ich sehen.

„Natürlich kann ich das", sagt Oma langsam und dreht ein Kärtchen um.

Plötzlich leuchten ihre Augen: „Mama hat mir einen Hund versprochen!"

„Aber erst, wenn wir umziehen", sage ich. „Weißt du das noch?"

Oma Kuckuck ist empört: „Natürlich weiß ich das noch!

Geht es jetzt endlich los?"

Seit ich denken kann, hat meine Oma einen Vogel.

Und neuerdings hat sie auch einen Hund.

Er heißt Bello. Er sieht niedlich aus und stinkt fast gar nicht,
aber richtig bellen kann er nicht. Doch das stört Oma nicht.
Oma Kuckuck sagt: „Hunde, die bellen, beißen nicht. Das sind
Feiglinge und Langweiler! Und so was kommt mir nicht ins neue
Haus! Da dürfen nur schräge Vögel und bissige Hunde rein!"
Tatsächlich gibt es viele schräge Vögel in Omas neuem Haus.
Heute kochen wir zusammen Vanillesuppe mit Himbeeren.
Die kaufen wir im Supermarkt. Sie schmecken anders als die aus
Omas Garten. Aber lecker sind sie auch.

Stephanie Brittnacher & Frauke Angel

sind echte Memmerköniginnen. Sie erzählen Geschichten nach Geheimrezept. Die können ausgedacht oder echt, lustig oder gruselig sein. Hauptsache, sie sind nicht langweilig. (Einen Hund und einen Vogel haben sie übrigens auch.)